Gott – wo bist du?

von Rudolf Hubert

Impressum: **Gott – wo bist du?**

von Rudolf Hubert © 2022

Herausgeber: Hans-Jürgen Sträter

Herstellung und Verlag: BoD, Books on Demand Norderstedt

ISBN: 9783756208494

Ausgabe vom 15. Juni 2022

Inhalt

I. Ostern? Heute?

Der Weg auf Ostern zu ist nicht geradlinig. Zunächst sind wir in der Karwoche, die mit dem feierlichen Einzug Jesu in Jerusalem am Palmsonntag beginnt. Die größere Dramatik hebt am Gründonnerstag an, dem sich der Karfreitag anschließt. Ihm folgt der Karsamstag, der stillste Tag im Kirchenjahr, der liturgielose Tag. Dann, aber auch erst dann weitet sich die Perspektive des Glaubens durch das Osterereignis. Wir begehen Leiden und Tod von Jesus Christus in allen christlichen Kirchen. Wir können das nur Jahr für Jahr begehen, weil wir durch die Geschehnisse des Ostertages in eine Feier der Hoffnung versetzt werden. Schmerz, Tod, Leid – all das ist nicht einfach aus der Welt zu schaffen. Es muss im wörtlichen Sinn bestanden werden. Und es kann bestanden werden in der Kraft der Hoffnung. Dass sie nicht vergeblich ist, dass sie nicht in's Leere greift, dafür ist Ostern Symbol und Wirklichkeit zugleich.

Auch heute erleben wir Grauen und Leid, sei es in der Ukraine, sei es im Jemen, im Sudan, in Eritrea oder sonst wo auf der Welt. Besonders schlimm ist es dort, wo keine Kameras und Mikrofone hinkommen. Und überall erleben wir – neben all den Gräueln – dass sich Diktatoren einer Sache sehr sicher sind: Man muss nur die Macht zentral organisieren, einschließlich der Medien – dann fallen sämtliche Selbstheilungskräfte einer offenen Gesellschaft dahin.

Wir können das heute besonders spüren am Krieg in der Ukraine, wo ein durch zentrale Manipulation fehlinformiertes Volk, das zudem in Angst gehalten wird, nicht in der Lage ist, Wahrheit und Lüge auseinander zu halten.

Die Solidarität der friedliebenden Menschen ist Ausdruck der Hoffnung für all jene, die am Leid zu zerbrechen drohen. Auch ihnen darf man – sowohl durch Taten der Liebe als auch durch Worte des Zuspruchs – gerade zu Ostern sagen: Leid, Not und Tod haben nicht das letzte Wort. Christen nennen diese Hoffnung, die sich im Leben realisiert, Gebet und Auferstehung.

II. Ostern – Was bleibt? Ein geistlicher ,Osterspaziergang' durch den Mai

1 Woche

Ostern ist vorüber. Es war kein Fest wie sonst in all den Jahren. Wir stehen fassungslos vor dem russischen Staatsterrorismus in der Ukraine. Staatlich kontrollierte Medien lassen keinen Unterschied zu zwischen Wahrheit und Lüge. Angst lähmt zudem einen Großteil des Volkes, das unter Putins Regime leben muss. Bei aller Trauer über das Unrecht und das Leid überall auf der Welt gibt es Hoffnung, die sich in Mitmenschlichkeit und Hilfe einen gültigen Ausdruck verschafft. Und doch bleibt die bange Frage:

„Wie kann Gott das zulassen? Das soll ein guter Gott sein? Der Gott, an den ihr Christen glaubt, den gibt es gar nicht, das ist – ein Märchen, mehr nicht."

Wir werden uns in dieser und in den nächsten Wochen jener Frage stellen müssen, weil der Glaube an die Lebenskraft von Hoffnung und Liebe kein ehrlicher ist, wenn er der Wirklichkeit nicht standhält.

2 Woche

Wie kann Gott all das Leid, die Not, die Ungerechtigkeit zulassen? Ein guter Gott ist es jedenfalls nicht – und auf einen anderen können wir verzichten.

Doch was passiert, wenn wir aufhören zu fragen, uns zu empören? Ein großer Theologe aus dem vergangenen Jahrhundert, Karl Rahner, hat die Konsequenz genauer bedacht, wenn er fragt:

„Kann es die skeptische Abstinenz einer Entscheidung... auf die Dauer weiterbringen, als zu einem Leben von Banalität, das ängstlich den letzten großen Fragen des Daseins als einem und ganzem ausweicht?" [1]

Es ist dieses „Versanden", das Aufhören mit dem Fragen, das resignierte Auf-Sich Beruhen – Lassen der Sinnfrage angesichts der Entsetzlichkeiten in Welt und Gesellschaft! Was soll es für einen Sinn machen, sich um Mitmenschlichkeit zu mühen, um Würde, um Anstand, um Solidarität, um ganz einfache menschliche Lebensvollzüge, wenn das Leben als Ganzes keinen Sinn hergibt?

Doch kann der Mensch wirklich so leben? Leben Menschen überhaupt so? Das scheint mir *die* Frage zu sein.

3 Woche

Immer geht es um den Menschen, wie er sich selbst versteht. Wenn ihm das Ganze des Lebens aus dem Blick gerät, ja, wenn er selbstgenügsam bei sich bleibt und sich in sich selbst verkrümmt, dann ist das Banale, das Alltägliche, das, was tatsächlich und

---

1 Karl Rahner, Sämtliche Werke, 28, Freiburg-Basel-Wien, 2010, S. 564 – In allen Beiträgen wird versucht, möglichst aus Rahners Sämtlichen Werken (SW) zu zitieren.

buchstäblich *gleich – gültig* ist, die einzige Realität. Die, die uns dann noch verbleibt. Und die uns nur noch rat – und hilflos zurücklässt.

Wer Gott in Frage stellt, wem Gott zur Frage wird angesichts der Gräuel in Welt und Geschichte, der findet zunächst gar keinen billigen Trost, auch nicht im Glauben. Aber:

> „Der Glaubende wird aber aus eigener Erfahrung alles Verständnis für einen 'bekümmerten Atheisten' haben... Ein solcher ist Gott deshalb näher, weil (er) ...insgeheim mehr von Gott weiß als der sogenannte 'Gläubige', der meint, Gott sei eine Frage, mit der er schon längst fertig geworden sei."[2]

Das scheint mir des weiteren Nachfragens würdig zu sein, warum dieser ‚Gläubige' in seinem Schmerz und in seiner Trauer etwas von Gott weiß.

4   Woche

Kann man überhaupt ernsthaft sagen, „Gott sei eine Frage, mit der man längst schon fertig geworden" ist? Kann man mit dem Leben insgesamt ‚fertig werden?' Da sind doch wohl ernsthafte Bedenken angebracht.

Mir scheint es ein Grundfehler zu sein, sich ein Bild vom ‚lieben' und ‚guten' Gott zurecht zu legen, dieses Bild dann mit der Wirklichkeit zu konfrontieren, um dann festzustellen: Solch einen Gott gibt es nicht! Gerade im interreligiösen Dialog ist mir

---

2 Karl Rahner Sämtliche Werke, 15, Freiburg-Basel-Wien 2002, S. 392

eine Erkenntnis aufgegangen, die mir gerade auch heute in meinem Glauben hilft. Wenn Not und Hoffnung, Trauer und Sehnsucht sich ganz aussprechen dürfen, erst dann kommt so etwas überhaupt in den Blick, was in den Religionen ‚Gott' genannt wird. Ein Theologe unserer Zeit sagt es so:

„Beten und Leben als Fragen nach der göttlichen Führung sind dasselbe."[3]

5 Woche

Wie geht das – ‚glauben'?

Es bleibt die Frage, wie das „Wagnis des Christen"[4] in und mit seinem Glauben gelingen kann. Ich glaube, dass es so etwas gibt wie eine Hinführung, eine ‚Anleitung' zum Glauben. Und sie scheint mir gerade heute so wichtig in einer Zeit, wo alle Grundannahmen in Frage gestellt sind, wo nichts mehr festzustehen scheint, wo es keine Gewissheiten mehr gibt:

„Man kann niemanden zwingen... Man kann nur immer wieder sagen... Sind wir uns aber nicht einig, dass dein Herz ersehnen soll, was es – wie du sagst – nicht kann, glauben an den Sinn, die Freiheit, das Glück, die Weite, die lichte Wahrheit, an – Gott? Wie könntest du, was in dir ist, ausdrücken mit dem bitteren Wort: Ich kann nicht, ohne zugleich einzugestehen, dass es gut wäre, ersehnt und verpflichtend ist, zu können?... Eines kannst du immer: wenigstens auf den Knien und mit dem Mund in die

---

3 Ralf Miggelbrink „Ekstatische Gottesliebe im tätigen Weltbezug", Altenberge 1989, S. 286
4 Buchtitel von Karl Rahner

ohnmächtige, grenzenlose Finsternis deiner toten Herzenswüste hineinrufen, dass du nach Gott verlangst…" [5]

Vielleicht nimmt heute unser Glaube verstärkt die ‚Gestalt' des Verlangens, des Rufens nach Gott an. Mir scheint das schon sehr viel zu sein.

5 Karl Rahner Sämtliche Werke 7, Freiburg-Basel-Wien 2013, S. 47 f

III. Theologie aus der „Gestimmtheit des Beters"

1 Ein Paradox?

In seiner Arbeit „Ekstatische Gottesliebe im tätigen Weltbezug"[6] schreibt Ralf Miggelbrink, ein nicht unmaßgeblicher Rahner – Interpret[7] einerseits:

„Ein anderer Strom atheistischen Denkens sieht das Leiden als den „Fels des Atheismus" (Büchner). Der Rang, den die menschliche Leiderfahrung im europäischen Atheismus einnimmt, findet sich bei Rahner kaum realisiert." (282)

Erläuternd und bestätigend fährt Miggelbrink fort:

„Das nicht subjekthafte Leiden, der physische Schmerz, verweigerte Subjektwerdung, die Verweigerung der elementarsten Bedürfnisse, deren Erfüllung für ein subjekthaftes Leben unabdingbar ist, das sinnlose Leiden, das Menschen durch Naturkatastrophen, Unfälle oder gar durch die Dämonie der eigenen Gattung widerfährt, das Leiden, an dem niemand wächst und reift, sondern das „dumm oder böse macht" (XIV, 460), das kein Subjekt vollendet, sondern das Menschen physisch und psychisch zerstört, ihrer Freiheit und Gestaltungsmöglichkeit beraubt, kommt in Rahners Theologie kaum vor." (282)

Wie ein Widerspruch zu diesem negativen ‚Befund' nimmt sich jene Aussage aus, die sich auf derselben Seite befindet:

„Dennoch ist Rahners Beitrag zur seit Leibnitz so genannten Theodizee-Frage sehr bedeutsam…" (282)

---

6 Ralf Miggelbrink „Ekstatische Gottesliebe im tätigen Weltbezug", Altenberge 1989, die in Klammern gesetzten Zahlenangaben im Text beziehen sich auf die Seitenzahl des Buches.
7 Vgl. zum Werk Miggelbrinks die Aussagen und Wertungen u.a. von Vorgrimler, Neufeld, Siebenrock, Pissarek-Hudelist, Hauber.

Besonders auffallend ist der Kontrast, wenn man den Satz weiterliest:

„…und wirft ein erhellendes Licht auf die Grundhaltung des theologischen Denkers Rahner." (282)

Und nur eine Seite weiter findet man sogar folgende Wertung:

„Rahner leistet zur Frage nach dem zerstörerischen Leiden einen streng theistisch bleibenden Beitrag, der alle übrigen theistischen Antwortversuche bei weitem überbietet." (283)

Wir kommen angesichts dieser sich scheinbar widersprechenden Aspekte in ein Dilemma: Einerseits die Feststellung, dass „der physische Schmerz, verweigerte Subjektwerdung…in Rahners Theologie kaum vorkommt", andererseits die Aussage, dass „Rahners Beitrag" zur Frage nach dem ‚guten' Gott angesichts der Gräuel in der Welt doch „sehr bedeutsam" sei. Ja, es wird sogar darauf verwiesen, dass dieser ‚Befund' Erhellendes zutage fördert in Bezug „auf die Grundhaltung des theologischen Denkers Rahner." Hier kann man leicht in Verlegenheit kommen und ein Zyniker hätte auf den ersten Blick leichtes Spiel, wenn er lapidar feststellen würde: Also zahlt sich Ignoranz gegenüber „Leiden, an dem niemand wächst und reift, sondern das „dumm oder böse macht", aus. Ja, noch mehr, diese Ignoranz scheint ein Charakteristikum der „Grundhaltung" der Theologie Karl Rahners zu sein.

2 Die theoretisch-praktische Haltung des Gebetes

Nichts wäre verkehrter als dieser denkerische und theologische Kurzschluss! Wo er geäußert würde, offenbart sich nicht nur ein völliges theologisches Unverständnis, sondern auch eine Böswilligkeit gegenüber der Person, dem Denken und sämtlichen Intentionen Karl Rahners! Es gibt allerdings eine Rahner – Kritik von seinem Schüler Metz, die eine mögliche Gefahr in der Rezeption Rahnerschen Denkens benennt:

„Das in sich nicht besonders stimmige Metzsche Bild vom Transzendentalphilosophen, der dem Igel im Märchen vom Wettlauf zwischen Hase und Igel vergleichbar sei, hat hier seine partielle Berechtigung: Als Warnung vor einer Rahner-Rezeption, die herz- und geistlos wäre, indem sie den Kampf um die Gegenwart des Glaubens als den Kampf um die Möglichkeit christlicher Erfahrung im *jetzigen Kairos* der göttlichen Selbstmitteilung, der der Kern des Rahnerschen theologischen Bemühens ist, ignorierte, um an die Stelle des tröstenden Gottes, der da begegnet, wo der Mensch sich auf seine Gegenwart einlässt, das Gottesbild eines durch die Vorgriffsmetaphysik *scheinbar* beweisbaren Theismus zu setzen…Diese Kritik wirft Rahner nicht *irgendetwas,* ihm nicht besonders Wichtiges, verfehlt zu haben vor. Diese Kritik zielt auf die Herzmitte des Rahnerschen theologischen Denkens: Das Ringen um die Möglichkeit echter religiöser Erfahrung in der rückhaltlosen Selbstkonfrontation mit dem historischen ‚Jetzt'! Dieses historische Jetzt ist für Rahner primär gekennzeichnet durch die von ihm so benannte agnostische Grundbefindlichkeit." [8]

---

8 Ralf Miggelbrink „Ekstatische Gottesliebe im tätigen Weltbezug", Altenberge 1989, S.281 f. Die im Text in Klammern stehenden Ziffern beziehen sich wieder auf die Seitenzahlen der „Ekstatischen

Wir müssen theologisch erheblich ‚tiefer schürfen' und den ‚ersten Blick' zwingend ergänzen, um hier weiter zu kommen, wenn wir nicht billigen und falschen Vorurteilen Vorschub leisten wollen. Gerade deswegen ist diese theologische Diskussion wichtig! Denn die Frage gilt es zu klären, ob diese Aussagen, wenn man sie im Zusammenhang betrachtet, tatsächlich zueinander widersprüchlich sind. Und es bleibt zudem die Aufgabe des angemessenen Umgangs mit diesen – wenn nicht Gegensätzen – so doch recht unterschiedlichen Akzentuierungen. Miggelbrink gibt einen ersten Hinweis zur Orientierung durch die Feststellung:

„Leiden ist für Rahner primär ‚Leiden an Gott': der sich im subjekthaft lebenden Menschen ereignende Schmerz des Zerbrechens der eigenen Endlichkeit vor dem Begnadungswillen Gottes…Es ist sinnvoll, weil es gedeutet werden kann als die die Selbsttranszendenz des Menschen begleitenden ‚Geburtswehen' eines neuen Menschen." (282)

Er verweist dann darauf, dass der Unbegreiflichkeit Gottes in Rahners Theologie nie der Gestus des ’Redens – über’ entspricht, sondern die „Gestimmtheit des Beters". Diese, von Rahner selbst gewählte Formulierung[9], beschreibt ein betend- praktisches Sichbeziehen auf Gott. Für Rahner ist darum Gebet nie blasses, theoretisch – abstraktes Denken und Reden. Wer Gebet bei Rahner richtig verstehen will,

---

Gottesliebe".
9 Karl Rahner Sämtliche Werke 17/ 2, Freiburg-Basel-Wien 2002, S. 1072 f

muss die Einheit von Denken und Tun immer im Hintergrund präsent haben.

Die „Gestimmtheit des Beters" „erreicht ihren eigentlichen Logos nicht in der begrifflichen Kommunikation über Gott, sondern in der preisenden Anbetung Gottes. Theologie will hinführen zu dieser theoretisch-praktischen Haltung des Gebetes und will selber Teil dieses heilshaften Grundvollzuges christlicher Existenz sein." (284)

Es ist diese theoretisch-praktische Grundhaltung in der Theologie Karl Rahners, die sich im Gebet einen gültigen Ausdruck verschafft. Dabei muss immer klar sein, dass es bei Karl Rahner, schon auf Grund seiner ignatianischen Wurzeln und Prägung vor allem nicht

„um ein weltbildhaftes Gottesbild (geht), sondern darum, dass Gott selber im Erkenntnishandeln gewollt und bejaht oder verworfen wird…. Diese Wahrheit der Rahnerschen Erkenntniskritik verlangt ihre praktische Realisation: Eine Übersetzung des Glaubens in theoretische Gewusstheit ist nicht möglich… wobei der Erkenntnisbegriff bei Rahner vollkommen auf das menschliche Handeln hin gedeutet wird." (211)

Auch in Bezug auf die alte Frage ‚Cur Deus homo?‘, also warum Gott Mensch wird, eröffnet Karl Rahners „Gestimmtheit des Beters" Zugänge, die in ihrer Bedeutung für die Pastoral heute von großer Bedeutung sind. Dazu noch einmal Miggelbrink:

„Mit der Inkarnation ist jede Hoffnung auf einen deus ex machina, der am Ende das erlösende Wort spräche, alles sei ja nur ein Spiel gewesen, und nun sei es gut, von Gott zerstört worden: Die Deszendenz Gottes offenbart ihn als den Anbieter eines Heilsweges, der am Kreuz und dem absoluten Ernst zur

Welt und zur je eigenen Biografie nicht vorbeiführt. Gegen Erlösungsträumereien ätherisch leichter Gottmenschlichkeit offenbart Gott seine Erlösung als nur im tätigen Ernst gegenüber Welt sich ereignende." (297)

IV. Von der Not und dem Segen des Gebetes[10]

Darum sind ja auch Rahners Fastenpredigten von 1946 ein so eindrückliches und existentielles Zeugnis christlicher Lebens – und Weltdeutung. Weil sie eben aus der „Gestimmtheit des Beters" heraus zu uns sprechen, aus „dieser theoretisch-praktischen Haltung des Gebetes". Hier geht es nicht um irgendwelche theoretischen ‚Weltbilder', sondern um eine Haltung, die ein Leben lang eingeübt werden muss: Das ganze Leben als einzige Frage nach Gottes Willen immer und überall nicht nur zu verstehen, sondern auch versuchen, es als Lebenswirklichkeit Gestalt annehmen zu lassen.[11]

„... Weiß der Mensch von heute aus sich wirklich mehr von sich, als dass er eine Frage ist...die nur weiß, dass die Last der Fragwürdigkeit bitterer ist, als dass der Mensch sie auf die Dauer erträgt?" (52)

Ich glaube, dass es kaum einen aktuelleren Bezug gibt aus Rahners reichem geistlichen Schrifttum, der eine derart tiefgehende Infragestellung des Menschen durch den derzeitigen Mainstream beinhaltet. In unserer (post)modernen Informationsgesellschaft, die durch Globalisierung, Konsum, Technik, Fortschrittsgläubigkeit und Machbarkeitswahn einerseits

---

10 Buchtitel von Karl Rahner

11 Dafür spricht auch die Tatsache, dass im Jahr 2021 eine weitere Neuauflage des Buches „Von der Not und dem Segen des Gebetes" – dieses Long – und Bestsellers Karl Rahners – erschienen ist. Im Nachfolgenden wird nach Karl Rahner Sämtliche Werke 7 (SW 7, Freiburg-Basel-Wien 2013) zitiert. Die in Klammern gesetzten Zahlen im Text beziehen sich auf SW 7.

und abgrundtiefen Pessimismus und/oder grassierende Gleichgültigkeit andererseits gekennzeichnet ist, stellt sich die Frage nach dem Menschen sehr verschieden. Wenn sie denn überhaupt (noch) gestellt wird. Durch ein Übermaß an Angeboten in allen Bereichen wird der Mensch einer Flut von Reizen ausgesetzt, so dass er kaum noch in der Lage scheint, die Frage nach dem Woher und Wohin seiner Existenz zu stellen. Diese Frage, wenn sie denn (noch) gestellt wird, wird zudem als sinnlos und irrelevant abgetan. Somit scheint es bereits so zu sein, dass Rahners Horrorvision der Zurückentwicklung des Menschen zum „findigen Termitenstaat"[12] heute teilweise schon bittere Realität geworden ist.

Und dort, wo in erschreckendem Maße die Ungerechtigkeiten und Gräuel fast apokalyptische Ausmaße annehmen, flüchten Menschen in esoterische „Heilsangebote" und Verschwörungsmythen. Die Corona-Pandemie und vor allem der russische Angriffskrieg in der Ukraine in diesen Tagen lassen alte Ängste neu hochkommen: Die Angst vor der längst überwunden geglaubten Horrorvorstellung eines brutalen Vernichtungskrieges inmitten von Europa oder gar eines dritten Weltkrieges, der das Ende nicht nur der Menschheit, sondern wohl des gesamten Planeten Erde bedeuten würde.

---

12 Karl Rahner „Grundkurs des Glaubens", SW 26, Freiburg-Basel-Wien 1999, S.52

Linksradikale Mythen von der „Herrschaft des Kapitals", das sämtliche Opfer in Kauf nimmt, um Profitmaximierung zu erreichen, geben sich die Hand mit Stereotypen der ‚Weltverschwörung'. Besonders perfide sind die nach wie vor in Umlauf befindlichen antisemitischen und antijudaistischen Feindbilder. Sie malen ein Bild des Schreckens und des absoluten Horrors, dass es angebliche ‚Eliten' gibt, die kaum jemand kennt, die aber alles kontrollieren und manipulieren. Sogenannte ‚geheime Mächte', die mittels des ‚Finanzkapitals' alle Macht an sich reißen, um die ‚Massen' so zu manipulieren, dass sie beherrscht werden (können). Und dabei dient die allumfassende, sich in den Händen der ‚Eliten' befindliche Propagandamaschinerie, ausschließlich dazu, die Herrschaftsverhältnisse zu verschleiern, damit die Unterdrückten von Ausbeutung und Unterdrückung nicht nur nichts merken, sondern – ganz im Gegenteil - sich selbst als ‚Freie', als Menschen wähnen, die ihr Schicksal selbst in die Hand nehmen. „Brot und Spiele" war nicht nur im alten Rom eine Maxime, um Menschen ruhig zu stellen.

Solcherlei Verschwörungsmythen sind heute medial massiv in Umlauf und sehr präsent. Zumeist sind deren ‚Gläubige' sehr ‚irritationsfest', weil sie in sich selbst verstärkenden ‚Filter-Blasen' leben und sich bewegen, die zunehmend hermetisch abgeriegelt sind bzw. werden. Wer anderer Meinung ist, ist entweder selber schon Opfer oder eben Manipulator und Tyrann. Der Kreislauf scheint damit absolut geschlossen zu sein.

Um den Menschen, um sein Menschsein zu retten, braucht es darum heute mehr denn je eine, wie Rahner es ausdrückt, „Öffnung des Herzens".[13] Dazu gehört vor allem eine mystagogische Pastoral, die das Geheimnis des Menschen wahrt und gelten lässt und es in das Geheimnis Gottes hineinführt. Der Mensch ist und bleibt Geheimnis, weil er sich (und damit jeden Mit-Menschen) nur selber richtig verstehen kann, wenn er sich als mit dem unend-lichen und unbegreiflichen göttlichen Geheimnis ,unerbittlich' und ,unentrinnbar' konfrontiert erfährt und interpretiert. Der Mensch versteht sich nur ganz, wenn sein ,Wohin' gleichzeitig sein ,Woher' ist, der ihn in Liebe will. Wenn der Mensch sein Leben in der Kraft dessen, der ,ihn unbedingt angeht' (Paul Tillich) - von ihm her und auf ihn hin – lebt – dann erst hat der Mensch das ihm gemäße Verhältnis zu sich selbst eingenommen.

Dies ist dann auch ein unerschütterliches Bollwerk gegen alle Versuche, den Menschen soziologisch, psychologisch oder anderweitig rein anthropologisch ,aufzulösen'. Karl Rahner ist hier ein unbestechli-cher Lehrmeister, dessen Kunst, das Fragen zu lehren und zu lernen, heute (wieder) ganz neu eingeübt werden muss. Wer - um des Menschen willen - seine Größe, seine Würde, aber auch sein Angewiesensein – sich nicht wegmanipulieren

---

13 SW 7, 40 ff

lassen will, der findet in Karl Rahner einen unaufdringlichen Wegbegleiter, der auch dann nicht den Weg verlässt, wenn es steinig wird oder bergan geht. Man lese nur im ersten Kapitel seines Buches „Von der Not und dem Segen des Gebetes" nach, was Karl Rahner über die Personmitte, das Herz des Menschen, schreibt:

„Das ist eigentlich unser Herz: das Herz der Toren, das Herz der Bitteren, das Herz der Verzweifelten. Wir können diesem Gefängnis unseres Herzens nicht entfliehen. Der Mensch kann zwar – wörtlich oder bildlich – auf Reisen gehen, er kann sich in die Arbeit stürzen, er kann sich dem Vergnügen weihen, er kann es mit dem Trost durch andere Menschen versuchen, er kann auf tausend Wegen und mit abertausend Mitteln sich betäuben, damit er jenes immer still, unerbittlich bohrende Bewusstsein übertäube, das Bewusstsein der Einsamkeit, der Ausweglosigkeit und der Nichtigkeit des Irdischen." (42)

Und dann folgt einer jener Sätze, die zudem etwas ‚verraten' von Rahners sprachlichen Ausdrucksmöglichkeiten, wenn er des Menschen Situation kennzeichnet, der sich nicht als verdankte Existenz versteht:

„...was es eigentlich mit dem Menschen auf sich hat, mit dem Menschen, in dem der Geist nur das Licht zu sein scheint, um die Hoffnungslosigkeit der Lage zu beleuchten, so wie man im Keller ein Zündhölzchen entzündet, um festzustellen: hoffnungslos!"(43)

Rahner beschreibt eindrucksvoll, dass der Mensch überhaupt nicht wie ein Verzweifelter aussehen muss, wenn er zu sich kommt und spürt, wie wenig er aus eigener Kraft ausrichten kann, wie sehr er angewiesen ist auf Hilfe, auf Zuwendung, letztlich auf alles Entscheidende.

„Das zwischenmenschliche Angewiesensein aufeinander, auf den verschiedenen Ebenen ist ein unübergehbares Faktum. Dies beginnt bei der täglichen Fristung des Lebens und es reicht bis zur Deutung der menschlichen Existenz und Geschichte im Wort...Gerade diese Interpretation unserer Welt leistet ja keiner für sich allein...“[14]

Es gibt darum aber auch tausend Spielarten, sich und andere über die eigentliche, die wahre Situation zu täuschen, zu manipulieren:

„Die Menschen dieser chronischen Verzweiflung bleiben ganz beherrscht, sie bleiben ganz normal und alltäglich. Sie benehmen sich, wie alle vernünftigen Menschen sich benehmen. Sie tun ihre Pflicht, sie arbeiten, sie sind sehr anständig und sehr gewissenhaft, sie lieben und schließen Ehen, sie bezahlen Steuern und unterhalten sich mit Kunst und Wissenschaft... Alles soll nur den innersten, den tiefsten Punkt des Herzens zudecken, die Herzenswunde, an der man langsam verblutet, von der man aber anständigerweise nicht redet (ein anständiger und gebildeter Mensch hat doch nicht verzweifelt zu sein), soll nur den verschütteten Kerker unseres Herzens maskieren, indem der eigentliche Mensch hoffnungslos gefangen sitzt, der Mensch, der weiß, dass alles endlich, alles erbärmlich, alles unwichtig ist... (43)

Der Seelsorger Rahner fragt fast immer dort noch weiter, wo viele andere aufhören zu fragen. Dieser Akt des Fragens, von Rahner selbst als „Akt der Frömmigkeit“[15] bezeichnet, stößt in Dimensionen

---

14 Albert Raffelt in „Gott-Sucher“ (Hrsg.) Jürgen Hoeren, Würzburg 1991, S. 109
15 Karl Lehmann in „Rechenschaft des Glaubens“ – Karl Rahner – Lesebuch, Freiburg-Basel-Wien 1979, S. 26*

vor, denen sich die Pastoral angesichts des skizzierten Befundes auch und gerade heute ganz neu zu stellen hat.

„Man sagt, es sei eigentlich die wahre Größe des Menschen, verzweifelt zu sein. Nur ein solcher Verzweifelter, der mit allem fertiggeworden und hinter alles gekommen sei und gemerkt habe, dass hinter allem – nichts sei, sei der eigentliche, der wahre Mensch...; die Größe des Menschen sei das Wissen um sein Elend". (43)

Diese Aussage steht inhaltlich in auffälliger Nähe zu einer Aussage des Schweizer Theologen Hans Urs von Balthasars, der schreibt:

„Dann wird eigentlich der Gedanke, die anderen seien die Hölle, überholt sein durch die Erfahrung, dass jeder sich selber die Hölle ist... das, womit man auf keinen Fall auskommen kann."[16]

Rahner nimmt diesen ‚Befund‘ ganz ernst, in dem er diese Aussage gelten lässt und gleichzeitig fragt, was denn gewissermaßen ‚dahinter‘ ist:

„Es kann sein, dass solche illusionslose Erkenntnis der Anfang des Heiles ist... Dann nämlich, wenn sie wirklich so verzweifelt sind, dass sie – nicht ihre Verzweiflung zu ihrem perversen Stolz machen und sich nicht einbilden (mehr ist es auch dann nicht), aus eigener Kraft die verzweifelte Leere zu sein, sondern lieber aus der Gnade eines anderen (des einen anderen) die geschenkte Fülle zu sein bereit sind." (43)

---

16 Hans Urs von Balthasar „In der Fülle des Glaubens" – Lesebuch, Freiburg-Basel-Wien 1980, S. 207

Der „späte" Rahner wird es so sagen:

„Der Christ ist der wahre und ... radikale Skeptiker... Wenn er an die Unbegreiflichkeit Gottes glaubt... ist er davon überzeugt, dass keine Einzelwahrheit wirklich wahr ist außer in dem zu ihrem wahren Wesen notwendig gehörenden Vorgang, in dem sie sich selbst in die Frage aufhebt, die unbeantwortet bleibt, weil sie nach Gott und seiner Unbegreiflichkeit fragt."[17]

Anzumerken bleibt, dass moderner Agnostizismus, der sich nicht entscheiden kann oder für den die Frage nach Gott keine (mehr) ist, auch für Rahner eine lebenslange Herausforderung war. Die fast vollständige Säkularisierung sämtlicher Lebensbezüge, der Ausfall der Gottesfrage und die fast völlige Irrelevanz religiöser Bezüge für viele Menschen in der Gegenwart, war für Karl Rahner immer ein großes Problem. Allein deshalb, weil es für ihn – das zeigt seine Meditation über das Wort Gott[18] eindringlich- einen untrennbaren Zusammenhang gibt zwischen dem Ausfall der Gottesfrage und der offensichtlichen Irrelevanz des Menschen, wie es in sämtlichen Diktaturen und Tyranneien zu beobachten ist. Der Ausfall der Gottesfrage, die Irrelevanz des Religiösen geht – und das scheint eine gesicherte geschichtliche Erfahrung und Erkenntnis zu sein – immer einher mit einer Entwertung des Menschen. Der Mensch wird auf einen (endlichen) Teilaspekt wie Macht, Reichtum, Schönheit, Jugend, Einfluss oder dergleichen reduziert.

---

17 Karl Rahner – Lesebuch „Rechenschaft des Glaubens", Freiburg-Basel-Wien 1979, S. 31 – aus Karl Rahner „Was ist der Mensch?" SW 22/2, S.39-47 (Schluss)
18 SW 26, 48 ff

In der Machtausübung von Despoten ist dieser Zusammenhang unübersehbar. In einer offenen Gesellschaft, wo Beliebigkeit offensichtlich ein ‚Letztwert' zu sein scheint, ist es viel schwerer, diesen fatalen Zusammenhang zu erkennen: Dass nämlich der Ausfall der Gottesfrage die Abwertung des Menschseins zwangsläufig zur Folge hat. Gerade deshalb liegt in der Aufrechterhaltung der Gottesfrage heute das gesellschaftskritische Potential des Glaubens! Der Mensch darf auf die Frage nach Sinn und Heil nicht verzichten – um des Menschseins willen. Rahners Denken

„steht...sowohl gegen einen weltanschaulich – ideologisch *habbaren* Totalsinn als auch gegen die zur Doktrin erhobene Zurückweisung der Frage nach dem Totalsinn als mit den Mitteln der Vernunft nicht beantwortbar."[19]

Der Seelsorger Rahner ist bei allem ‚Heilsoptimismus' Realist, der um den Menschen weiß und sich keinen Illusionen hingibt.

„Aber...oft ist diese Deutung von der Nichtigkeit des Menschen, die als erkannte und ertragene seine Größe ausmache, nur eine schuldhafte Maskierung der Verzweiflung..."(43 f)

Und dennoch: Rahners Glaube an den Sieg der unbegreiflichen Liebe Gottes, die jede Grenze überwindet, überwinden kann, kommt gerade auf dem Hintergrund seiner realistischen Sicht des Menschen umso deutlicher zum Leuchten:

---

19 Ralf Miggelbrink „Ekstatische Gottesliebe im tätigen Weltbezug", Altenberge 1989, S.277

„Wie könntest du, was in dir ist, ausdrücken mit dem bitteren Wort: ich kann nicht, ohne zugleich einzugestehen, dass es gut wäre, ersehnt und verpflichtend ist, zu können?" Und „solange du dich nach dem Können sehnst und nicht verliebt bist in dein Unvermögen (bist du dessen sicher, mein armer Bruder?)," ist es die Ohnmacht des Herrn, die dich erlösen wird." (48)

Dass dies alles keine lebensferne, weltabgewandte Spekulation ist, zeigte ein Gespräch in einer Gruppe, an dem ich kürzlich teilnahm. Ein jüngerer Mann, der sich – durchaus selbstbewusst – als ‚bekennender agnostischer Atheist' bezeichnete, wurde gefragt, ob und wie er den Einsatz für Menschenrechte, Menschenwürde und den Kampf gegen Ungerechtigkeit begründet. Seine Antwort: Für ihn sei Respekt, und zwar absoluter Respekt, unverzichtbar. Respekt ohne Einschränkung, für jeden und für jede, ja eigentlich für all das, was wir erhalten und schützen, also für unsere Umwelt und Mitwelt. Sein Gesprächspartner fragte zwar noch nach dem Fundament für diesen ‚Letztwert Respekt', nahm dann aber für sich in Anspruch, darüber noch einmal nachzudenken. Im anschließenden Gespräch sagte er dem jüngeren Gesprächspartner, dass sie für ihn ausreichend sei, diese Auskunft über den universellen Wert von Respekt. Auf die Frage, warum dies denn nun plötzlich ausreiche, warum er die Frage nach dem Fundament nicht mehr weiter stellt, sagte er nur noch, dass i n dieser Haltung dieses Fundament mit bejaht würde. Sonst sei die Berufung auf Respekt in dieser universellen Art und Weise nicht möglich und würde jeden Sinn verlieren.

Damit allerdings war der Dialog dann doch noch nicht beendet, weil die Frage im Raum stand, ob das alles nicht viel zu ,subjektiv' sei, ob es nicht einfach bloßes Wunschdenken sei, das mit der Wirklichkeit nicht mehr so recht etwas zu tun hat. Die Berufung auf den französischen Denker Teilhard de Chardin schien auf den ersten Blick zu überzeugen, allerdings nur auf den ersten Blick:

„Was aber wäre, wenn alles eine Illusion wäre? Wenn alle Fortschritts- und Zukunftshoffnung ins Leere liefe? Wenn es aus dem ewigen Kreislauf von Werden und Vergehen kein Entrinnen gäbe und alles Mühen…letztlich doch zum Untergang…bestimmt wäre? … das ist die Lösung: >>Die Welt würde berechtigterweise und unfehlbar – aus Entmutigung – aufhören zu handeln, wenn sie …das Bewusstsein gewänne, auf einen totalen Tod zuzugehen. Also existiert der totale Tod nicht. <<"[20]

Die Frage meldete sich erneut zu Wort, ob das nicht alles viel zu sehr ein ,frommer Wunsch' sei, der eine gewisse Plausibilität für sich hat, aber im Letzten doch nicht trägt. Es war spannend zu sehen, wie die Diskussion sich auf jenen Punkt zubewegte, in dem die „Gestimmtheit des Beters" deutlich wurde. Es ging nicht mehr so sehr um Worte als um Vermutungen. Es wurde ein Blick auf das wirkliche Leben, auf den Lebensvollzug gewagt, i n dem sich so etwas wie ,letzte Wahrheit' oder ,letzter Sinn' unabweisbar meldet:

---

20 Thomas Broch in „Gott-Sucher" (Hrsg. Jürgen Hoeren) Würzburg 1991, S. 32 f

„Mitmenschlichkeit setzt eine letzte, zumindest erahnte Sinnhaftigkeit eines guten Handelns voraus; eines Handelns, das nicht durch >>Erfolg<< seine Bestätigung findet, sondern sich im Tun selbst trägt, das zumindest erwartend und schauend aus ist auf eine Bestätigung jenseits vordergründigen Erfolgs. Oder anders gesagt: Es gibt einen letzten Anspruch von Wahrheit und Liebe in jedem zwischenmenschlichen Tun, der ein mir entzogenes Maß darstellt."[21]

Und damit sind wir am Ende dieses Ganges noch einmal bei dem o.g. Paradox angelangt. Es sollte sich herausgestellt haben, dass Leben und Gebet bei Karl Rahner letztlich d i e Wirklichkeit des menschlichen Lebens insgesamt meint. Es gibt keinen ausgesparten Bereich, in dem Gottes Gnaden-angebot nicht wirksam werden kann. Seine Selbst-mitteilung gilt. Sie gilt immer, überall und sie meint immer den einen und ganzen Menschen in all seinen Vollzügen.

„Systematisch gesehen ist das personale Geschehen...bei Rahner ...bereits selber gnadenhaftes Geschehen, das an die Subjektivität konstituierenden Vermögen von Erkenntnis und Wille anknüpft, um diese qualitativ zu erhöhen. Was aber von Erkenntnis und Wille in dieser qualitativen Steigerung bleibt... ist, dass sie die Vermögen innerweltlich planenden und gestaltenden Tuns sind. Auf diese Weise ist der Personalismus Rahners davor gefeit, einen 'romantischen' dritten Raum als Sphäre der Offenbarung anzunehmen. Die Offenbarung betrifft *dieses* Leben und stellt es *ganz*...unter das Gesetz der Offenbarung."[22]

---

21 Albert Raffelt in „Gott-Sucher" (Hrsg. Jürgen Hoeren) Würzburg 1991, S. 109
22 Ralf Miggelbrink „Ekstatische Gottesliebe im tätigen Weltbezug", Altenberge 1989, S.384 f

Rahners Überlegungen zur „Gestimmtheit des Beters" nehmen das Leben in all seinen Äußerungen und Beziehungen ernst. Es steht insgesamt unter dem Gnadenangebot Gottes. Nur so gelingt es, „Glaube in Geschichte und Gesellschaft"[23]ernst zu nehmen und dem Versuch zu wehren

„die personale Sphäre als Raum der Offenbarung von der Sphäre der wissenschaftlichen, technischen und politischen Selbstrealisation des Menschen abzukoppeln."[24]

---

23 Buchtitel von Johann Baptist Metz
24 Ralf Miggelbrink „Ekstatische Gottesliebe im tätigen Weltbezug", Altenberge 1989, S.385

V.   Kleines Brevier[25]

1   Gebet eines Laien[26]

„Gott, ich werde immer ein wenig nervös, wenn ich das Wort ‚Laie‘ in der Kirche höre. Wenn sonst von Laien geredet wird, sind solche Leute gemeint, die von einer bestimmten Sache nichts oder sehr wenig verstehen. Ich aber habe Recht und Pflichten, von der Botschaft Jesu und seinem Reich so viel wie möglich zu verstehen…Ich besitze bestimmte … Vollmachten …nicht, und ich habe auch gar kein Verlangen danach, denn so sehr diese auch zu schätzen sein mögen, sie dienen nur der einen Aufgabe, die ich habe: radikal ein Christ zu sein, in dem der Geist Gottes wirkt…

Die Amtsträger stehen darum in dem, worauf es allerletztlich ankommt, nicht über, sondern neben

---

25 Die Zahlen nach den Nummern der Sämtlichen Werke (SW) zeigen die Seitenzahlen in den jeweiligen SW Karl Rahners an.
Diese kleine Auswahl versucht auf ihre Weise zu dokumentieren, dass die Theologie Karl Rahners nur aus der ‚Gestimmtheit des Beters‘ heraus angemessen verstanden werden kann. Sie ist immer beides zugleich: „Rechenschaft des Glaubens" und „Einübung priesterlicher Existenz." (Priesterlich heißt in diesem Zusammenhang zuallererst bei Karl Rahner christlich – Vgl. Schwerdtfeger „Gnade und Welt", 65) Der praktische Glaubensvollzug und die Reflexion darauf sind in Rahners Denken ein einziges Ereignis der Gnade. Eine personale Zuwendung Gottes, die den Menschen zu sich bringt; die freimacht, wenn und indem sie in Freiheit angenommen wird. „Du kommst unserem Tun mit deiner Gnade zuvor." (Die hier angegebenen Zitate sind Buchtitel Karl Rahners, das letzte gemeinsam mit Paul M. Zulehner)
26 SW 29, 431

mir. Und die Gnade Gottes kommt nicht nur durch die sakramentalen Zeichen, die die Amtsträger verwalten, auf mich zu, sondern bleibt darüber hinaus in der freien Verfügung Gottes, der sie allen schenkt, die ihn darum bitten. Ich weiß, heiliger Gott, dass meine Verantwortung für mein Christsein dadurch nur wächst. Ich muss Rechenschaft darüber geben… Ich muss nicht auf der Kanzel predigen, aber – was schwerer ist – durch mein Leben das Evangelium bezeugen. In einer Umgebung, die weder ausdrücklich das Christliche ablehnt, noch es wirklich liebt, sondern alles Religiöse tabuisiert, fällt es mir Feigem schwer, am rechten Platz und zur rechten Zeit zu zeigen, wer ich bin; dazu zu stehen, dass man mit sich und seinem Leben letztlich doch nur fertig wird, wenn man es auf dich, o Gott, stellt und in deiner Gnade lebt.

Mutigere und unbefangenere Christen bezeugen mir, dass man – wenn man gewisse Barrieren überspringt – mit seinem Zeugnis befreiend bei anderen ‚ankommt‘, wo zunächst alle Türen fest verschlossen schienen. Warum bin ich so ängstlich, so feige, wie ich mir ehrlich eingestehen muss? Wörter wie ‚missionarisch‘, ‚apostolisch‘ usw. haben heute einen so betulich altmodischen Geschmack. Aber die Sache selbst? Wenn sie fehlt, ist das nicht ein Anzeichen dafür, dass mein Laienchristentum selber dürftig und schwach ist? Gott, gib mir Mut und Kraft, ein Laie zu werden, der den Namen eines Christen verdient.“

2   Um Gerechtigkeit und Brüderlichkeit [27]

„O, unbegreiflicher Gott, lass mich den Notschrei aller Geschichte fortsetzen: die Geschichte unserer Taten sieht für unsere Augen nicht sehr deutlich so aus, dass man sie auch als *dein* Erbe erkennen kann. Vom Faustkeil, der Abel erschlug, bis zu den Gasöfen unserer Zeit: nichts als unsägliche Gräuel, Schurkerei, Elend, Tod.

Es ist wahr: du wirst sagen, das sind die Taten eurer Freiheit, die ich ...zugelassen, aber nicht gewollt habe...Ich weiß, *wir* selber müssen uns in dem entsetzlichen Kampf gegen unseren – meist latenten und legitimierten – Egoismus hoffend wider alle Hoffnung bemühen, unserem kargen Herzen ein wenig Gerechtigkeit und Brüderlichkeit abzuringen. Ich weiß, dass ich mich und nicht die anderen vor dein Gericht zitieren muss, das über diese Tugenden richten wird...Ich weiß, dass heute eine solche Aufgabe nicht bloß eine ...Sache pietistischer Innerlichkeit sein darf, sondern unter Umständen auch durch Revolutionen ausgetragen wird, auch wenn wir uns vom Imperativ der Gewaltlosigkeit in der Bergpredigt Jesus betroffen machen lassen müssen. Aber wenn es auch wahr ist, dass wir in dieser laufenden Zeit der irdischen Geschichte unsere Sache nicht auf dich abwälzen dürfen, so weiß ich eben doch, dass es keine Aufgabe der Gerechtigkeit und Brüderlichkeit für uns gibt, die nicht zuvor schon selber die Aufgabe deiner heiligen

27 SW 29, 432-433

Gerechtigkeit wäre und deiner Brüderlichkeit, die du in Jesus, deinem Sohn und unserem Bruder, für uns gestiftet hast.

Darum also wage ich zu sprechen: Gib, was du uns gebietest, Brüderlichkeit und Gerechtigkeit in der Welt. Ich weiß, dass ich die endlos lange Menschheitsgeschichte bis zum Ende abwarten muss, bis auch mir klar wird, dass du diese Bitte erhörst und erhört hast. Aber – verzeih die Bitte – ein wenig, ein klein wenig mehr an Gerechtigkeit (vielleicht Sachlichkeit) und Brüderlichkeit lass mich schon jetzt erfahren. Geh – sagst du – und tu, was du von mir erbittest. Dann habe ich getan, was du willst."

3 Nachfolge in der Liebe zum Nächsten[28]

„Herr Jesus Christus, du selbst hast mir einen Weg zu einem wirklichen, mein Leben bestimmenden Glauben gewiesen. Es ist der Weg der alltäglichen und tätig hilfsbereiten Liebe zum Nächsten. Auf diesem Wege begegne ich dir, unbekannt und erkannt. Führe mich, Licht des Lebens, diesen Pfad. Lass mich ihn in Geduld gehen, immer weiter und immer neu. Gib mir die unbegreifliche Kraft, mich selbst an den Menschen zu wagen, in der Gabe mich selbst zu geben. Dann trittst du selber in unbegreiflicher Einheit mit denen, die meine Liebe empfangen…mir entgegen. Du bist der, der das *ganze* Leben der Menschen annehmen kann, und du

---

28 SW 22/1b, 710

bleibst zugleich der, in dem es, weggegeben an Gott, nicht aufhört, Liebe zum Menschen zu sein.

Mein Glaube an dich ist unterwegs, und ich sage mit dem Mann im Evangelium: ,Ich glaube; Herr, hilf meinem Unglauben.' Führe mich deinen Weg, du, der du Weg zum Nächsten, unbekannt gesuchter Bruder und darin Gott bist. Jetzt und immer. Amen".

4 Begegnung mit Jesus[29]

„Jesus, alle Dogmatik über dich ist gut, und ich sage vor ihr gern immer wieder: Ich glaube; ,Herr, hilf meinem Unglauben.' Aber alle Dogmatik über dich ist nur gut, weil sie mir das mir eigene, innere Bild von dir, nein, *dich selbst* verdeutlichen soll, wie du dich selbst mir in deinem Geist ins Herz sagst und wie du mir schweigend begegnest im Geschick meines Lebens als der Erfahrung dieser deiner inwendigen Gnade.

Im Nächsten, an den ich mich ohne Rückver-sicherung wagen muss, in der Treue zum Gewissen, die sich nicht mehr lohnt; in aller Liebe und Freude, die doch nur Verheißung ist und fragt, ob ich den Mut habe, an die *ewige* Liebe und Freude zu glauben; in dem langsamen Ansteigen der dunklen Wasser des Todes in der Grube meines Herzens, in der Finsternis des Todes, der ein Leben lang gestorben wird, in der Alltäglichkeit der schweren

---

29 SW 22/1b, 711

Dienste täglicher Bewährung: überall begegnest du mir, allem bist du inwendig, ungenannt oder mit Namen angerufen…in allem suche ich Gott, um der tötenden Nichtigkeit zu entfliehen, und in allem kann ich den Menschen nicht lassen…Darum bekennt alles dich, den Gott-Menschen…

Ich rufe dich an. Die letzte Kraft meines Herzens greift nach dir. Lass mich dich finden, dir begegnen in meinem ganzen Leben, damit langsam mir auch verständlich wird, was die Kirche mir von dir sagt. Es gibt nur zwei letzte Worte: Gott und Mensch, *ein* einziges Geheimnis, in das ich mich …hoffend und liebend ergebe…Zu dir sage ich, meine Hand in deine Wunde legend, mit dem zweifelnd fragenden Thomas: ‚Mein Herr und mein Gott.' Amen."

5   Gott meines Lebens[30]

„Mit dir will ich reden, und was kann ich da anderes reden als von dir… Aber warum fange ich dann überhaupt an, dir von dir zu reden? Warum quälst du mich mit deiner Unendlichkeit, wenn ich sie doch nie ermesse? …Wohin sollte ich gehen? Wäre die enge Hütte mit ihren kleinen vertrauten Dingen, wäre das irdische Leben mit seinen großen Freuden und Schmerzen mir Heimat, wäre nicht all das umschlossen von deinen fernen Unendlichkeiten? Ist die Erde mir Heimat, wenn nicht dein ferner Himmel über ihr steht? Ja, selbst wenn ich mich mit dem

---

30 SW 7, 4

bescheiden wollte, was heute so manche als den Sinn des Lebens verkünden, wenn ich trotzig entschlossen meine Endlichkeit erkennen und mich zu ihr allein bekennen wollte, ich könnte diese Endlichkeit nur darum wachen Geistes erkennen, nur darum als mein einziges Schicksal auf mich nehmen, weil ich immer schon zuvor hinausgeblickt habe in grenzenlose Fernen, an deren verschwimmenden Horizonten die Unendlichkeiten deines Lebens beginnen.

Denn alle meine Endlichkeit versänke in ihrer eigenen, dumpfen, sich selbst verborgenen Enge, sie könnte nicht zum sehnenden Schmerz und nicht zum entschlossenen Sichabfinden werden, hätte nicht der wissende Geist sich immer schon hinausgeschwungen über seine eigene Endlichkeit…Wohin also soll ich fliehen vor dir, wenn alle Sehnsucht nach dem Grenzenlosen und aller Mut zu meiner Endlichkeit dich bekennt?

Was habe ich …anders dir von dir zu sagen, als dass du der bist, ohne den ich nicht sein kann, als dass du die Unendlichkeit bist, in der allein ich, Mensch der Endlichkeit, zu leben vermag? Und wenn ich das von dir sage, dann habe ich mir meinen wahren Namen gegeben, den ich im Psalter Davids immer bete: tuus sum ego: ich bin der, der sich nicht selbst gehört, sondern dir. Mehr weiß ich nicht von mir, mehr nicht von dir – Du –, Gott meines Lebens, Unendlichkeit meiner Endlichkeit… Aber kannst du mir auch Heimat sein, du, der mich entlässt aus den

Kerkermauern meiner Endlichkeit: Oder bist du mir nur zu einer andern, neuen Qual meines Lebens, wenn du mir die Türe öffnest, die hinausführt in deine Weiten? Bist du mehr als mein großes Ungenügen…?

Ich frage dich wie ein Tor. Verzeih mir. Du hast mir durch deinen Sohn gesagt, dass du der Gott meiner Liebe bist. Du hast mir geboten, dich zu lieben… Wenn ich aber dich liebe, wenn ich nicht mehr mit meiner Fragequal ruhelos nur um mich selber kreise…wenn…du selbst…durch solche Liebe die innerste Mitte meines eigenen Lebens geworden bist, dann habe ich mich und mit mir alle meine Fragen in dich, geheimnisvoller Gott, hineinvergessen. Solche Liebe will dich, wie du bist. Wie sollte sie dich anders wollen, sie, die doch gerade dich selber will…mit dem sie eins wird…"

Zum Autor

„Rudolf Hubert (geb. 1958) ist Referent für Caritas-
pastoral in der Caritas für das Erzbistum Hamburg
e.V. Als Schüler in der ehemaligen DDR ist er auf
das Büchlein von Karl Rahner gestoßen: "Von der
Not und dem Segen des Gebetes". Mit diesem
Büchlein konnte er spirituell und intellektuell in der
damaligen Situation Boden gewinnen. Seine anhal-
tende Beschäftigung und vertiefende Auslegung des
Werkes Karl Rahners hat er in der umfassenden
Studie zusammengefasst: „Im Geheimnis leben –
Zum Wagnis des Glaubens in der Spur Karl Rahners
ermutigen" (Würzburg: Echter 2013). Dieses Werk
kann als vertiefende Auslegung ebenso empfohlen
werden, wie als mystagogische Anleitung zur
eigenen Glaubensfindung bzw. -vertiefung."

Prof. Dr. Roman A. Siebenrock, Universität Innsbruck

Wer glaubt, lebt aus dem Geheimnis

von Klaus P. Fischer

Hardcover, 160 Seiten, ISBN: 9783751920438, € 19,90

Der Traditionsbegriff "Christliches Abendland" ist dem Bewusstsein weiter Kreise abhanden gekommen. Viele empfinden dieses Erbe wie einen schlechten Traum. Heute favorisiert man die pluralistische oder "offene" Gesellschaft. Wer sich allerdings öffentlich zum christlichen Glauben bekennt, riskiert das Etikett "Traditionalist". Wenn jedoch aus einer Kathedrale wie Notre Dame de Paris Flammen schlagen, erschrecken viele Zeitgenossen abgrundtief - als spürten sie, dass mit ihr ein geistig-geistliches Erbe droht verlorenzugehen.

Gott als Geheimnis des Menschen
Annäherungen an Karl Rahner

von Siegfried Hübner / Klaus P. Fischer

Hardcover, 280 Seiten, ISBN: 9783755701231, € 29,90

Leserinnen und Leser, die sich heute - ca. 40 Jahre nach Karl Rahners Tod - um das Verständnis seiner Theologie bemühen und von ihr lernen wollen, werden wohl mit Interesse einige Studien (im Laufe von Jahrzehnten sehr verstreut veröffentlicht und heute schwer greifbar) aufnehmen, die zwei Schüler aus Rahners Innsbrucker Lehr-Zeit über zentrale Aspekte seiner Theologie in einem Band gesammelt vorlegen. Die Texte werden - mit geringfügigen Ausnahmen - mitsamt Anmerkungen unverändert und ungekürzt dargeboten. So tragen sie den Stempel ihrer Erscheinungszeit innerhalb der Zeit der Kirche und der eigenen Biographie. Jene zwei Aufsätze, die zu seinen Lebzeiten erschienen, hat Karl Rahner selbst noch zur Kenntnis genommen.

Die Beiträge 3, 5, 8 und 10 stammen von Siegfried Hübner, die übrigen von Klaus P. Fischer.

DER MENSCH VOR DEM DUNKLEN GOTT
TOD UND AUFERSTEHUNG DES GLAUBENS

von Klaus P. Fischer

Paperback, 92 Seiten, ISBN: 9783754352922, € 12,90

Dass es noch Menschen gibt, die an Gott glauben, ist für viele Leute ein Rätsel. Die Härte und Gleichgültigkeit der Welt, erschreckende Schicksalsschläge verdunkeln das Gottesbild. Nicht selten aber gestehen selbst Prominente ein, sie würden gern glauben, könnten es aber nicht. Vielen fehlt der Zugang zum Gott der Bibel. Die vorliegende Schrift möchte nachdenklichen Lesern einen Zugang eröffnen.

Selbstfindung durch Glauben
Christsein als Alternative
von Klaus P. Fischer

Paperback, 220 Seiten, ISBN: 9783735750976, € 14,90

Zunehmend junge Menschen haben das Gefühl, die Leistungs-
und Konsumgesellschaft vermittle ihnen wesentlich nur mate-
rielle, diesseitige Normen, lasse sie jedoch, bei all ihrer weltan-
schaulichen Offenheit, in Fragen nach Lebenssinn und ethisch-
humanen Bezügen allein: Hauptsache sei, dass man in seinen
jeweiligen Pflichtbereichen so gut wie möglich 'funktioniere',
Persönliches sei eben „privat" und dürfe Funktion und Leistung
nicht berühren; vielmehr müsse jemand, um vorwärts zukom-
men, die Bereitschaft haben, „mit den Wölfen zu heulen" und
notfalls Skrupel zu unterdrücken. Denn – so soufflieren die
Meinungsmacher – „jede(r) ist ersetzbar". Auch lebt in der
säkularen Gesellschaft eine sich verstärkende Neigung, Gott
und Glaube als überflüssig, für das reibungslose Funktionieren
sogar schädlich zu suggerieren. Was bei diesem Bestreben
nicht so offensichtlich ist: wo Gott und Glauben als überflüssig
angesehen werden, wird bald auch der einzelne Mensch
überflüssig und sein Schicksal uninteressant. Die meisten von
uns können nicht außerhalb der Gesellschaft leben. Doch
können wir in der Weise „alternativ" werden, dass wir lernen,
uns ein eigenes Urteil zu bilden – ein eigenes Urteil auch aus
den Quellen des Glaubens, um daraus Kraft und Mut zu
schöpfen zu kritischer Distanz und Eigenverantwortung mit der
Courage, gewonnene Einsichten auch an geeigneter Stelle in
Vorgänge und Mechanismen der Gesellschaft mit einzubrin-
gen. So könnten wir beitragen, sie humaner zu gestalten,
nämlich im Sinne der „Menschenfreundlichkeit Gottes", wie er
sie in Jesus Christus gezeigt hat. Denn Jener, der 'Ur-Christ'
schlechthin: Jesus Christus, er verstand die Menschen, ging auf
sie zu, beriet und heilte viele, brachte ihnen sein befreiendes
Wissen um Gott und von Gott nahe.

Schöpfungsglaube im evolutiven Weltbild
Das biblische Zeugnis vor der modernen Kritik

von Klaus P. Fischer

Paperback, 120 Seiten, ISBN: 9783735787248, € 9,90

In der Öffentlichkeit herrscht der Eindruck vor, die Evolutionstheorie mache den Schöpfer-Gott überflüssig: Hat sich der Kosmos, die Erde, das Leben aus kleinsten Anfängen gesetzmäßig entwickelt, bedürfe es keines Schöpfers - der sich gesetzmäßig seit „Ewigkeiten" entwickelnde Weltstoff übernehme ja die Funktionen des alten Schöpfers. Die Schöpfungserzählungen der Bibel werden als vorwissenschaftliche Hypothesen beiseite gelegt. Es könnte aber sein, dass der biblische Text Einsichten enthält und eine Weisheit bewahrt, die jenen verborgen ist, die sich der Welt bloß analysierend, messend, rechnend nähern. Das vorliegende kleine Werk will zeigen, dass man sich buchstäblich einer Ur-Kunde beraubt, wo man das evolutive Weltbild zur allein gültigen Offenbarung macht.

Karl Rahner
Kirchenlehrer der Postmoderne

von Rudolf Hubert

Paperback, 52 Seiten, ISBN: 9783754349281, € 5,00

Wir sollten Ausschau halten nach den christlichen
Heiden, d. h. nach den Menschen, die Gott nahe sind,
ohne dass sie es wissen, denen aber das Licht verdeckt ist
durch den Schatten, den wir werfen. Vom Aufgang und
Niedergang ziehen Menschen ins Gottesreich auf
Straßen, die in keiner amtlichen Karte verzeichnet sind.
Wenn wir ihnen begegnen, sollten sie an uns merken
können, dass die amtlichen Wege, auf denen wir ziehen,
die sicheren und kürzeren sind.

Freude am Wagnis des Glaubens

von Rudolf Hubert

Paperback, 48 Seiten, ISBN: 9783754357132, € 5,00

In unser heutigen Gott-fernen Zeit ist der Glaube an die Frohe Botschaft, an das Evangelium, eine besonders große Herausforderung, ein Wagnis der besonderen Art. Doch dieses Wagnis soll doch auch zur Freude dienen. In diesem Buch werden zu diesem Thema Theologen wie Karl Rahner und andere hörbar.

Das Geheimnis lasst uns künden
Glaubensgespräch heute oder Öffnung des Herzens an verhülltem Tag

von Rudolf Hubert

Paperback, 56 Seiten, ISBN: 9783754351468, € 5,00

Wo ist eigentlich die Antwort auf Reinhold Schneiders existentielle Anfragen zu finden, für die Winter in Wien nur exemplarisch steht? Je mehr ich mich in diese Frage vertiefe, desto bedeutsamer wird der 1958, im Alter von nicht einmal 55 Jahren verstorbene Reinhold Schneider mir. Anhand der Überlegungen zu geschichtsmächtigen Personen wie Friedrich Schiller oder dem alttestamentlichen Propheten Jeremia in Pfeiler im Strom spüre ich: Hier thematisiert Schneider eigentlich meine Fragen. Und sicherlich nicht nur meine! Er wird gewissermaßen zum Stichwortgeber, der mir in zweifacher Hinsicht hilfreich ist: Bei Reinhold Schneider fühle ich jene Fragen in einer Tiefe an, und ausgesprochen, wie es heute offensichtlich nicht mehr allzu häufig geschieht.

Aggiornamento
Ansichten zum Glauben im Heute

von Rudolf Hubert

Paperback, 64 Seiten, ISBN: 9783754351154, € 5,00

Der kirchlichen Verkündigung kommt, um des Menschen willen! gerade heute schon deshalb eine unverzichtbare Aufgabe zu! Die Frage nach dem Menschen offen zu halten und jeglicher Verkürzung zu wehren, deutlich und vernehmbar zu machen: Die entscheidende Dimension des Menschen ist die zu Gott selbst. Sie ist seine tiefste, von Gott, dem unendlich liebenden Geheimnis, eröffnete Möglichkeit. Und damit wird auch ersichtlich, dass die Liebe Gottes nicht nur unendlich ist. Sie ist zugleich so unbegreiflich, wie Gott unbegreiflich ist.

Lob der Religionskritik – Wozu glauben?

von Rudolf Hubert

Paperback, 32 Seiten, ISBN: 9783755781479, € 3,00

Der Schweizer Theologe Hans Urs von Balthasar hat in einem – zugegebenermaßen gewagten – Durchblick die wichtigsten Infragestellungen des religiösen Glaubens gewissermaßen aufsummiert. Er ging in seinem Büchlein In Gottes Einsatz leben alle diese Fragestellungen durch bzw. ging auf sie ein. Diese Impulse sind auch deshalb so wichtig, weil unser Glaube bei den Zeitgenossen oftmals gar kein Thema (mehr) ist. Es ist u.a. das große Verdienst der Religionskritiker, dass sie nicht zulassen, dass die Frage nach Gott verstummt.

Gebete und Meditationen

Beten in Gemeinschaft anderer Beter

von Rainer Brunst / Rudolf Hubert (Hrsg.)

Paperback, 76 Seiten, ISBN: 9783945462904, € 6,90

"Nur wenn wir es fertigbringen, zu begreifen und zu leben, dass Gott nicht unsere langsam als solche durchschaute Projektion (ist), sondern wir selbst die in Eigenstand und Freiheit gesetzte Projektion Gottes sind, nur wenn uns dies gelingt...erfahren wir die befreite und seligmachende Macht der Botschaft vom lebendigen Gott." (Karl Rahner)